CÓMO CREAR UN CUENTO

DIRECCIÓN EDITORIAL: TOMÁS GARCÍA CEREZO
GERENCIA EDITORIAL: JORGE RAMÍREZ CHÁVEZ
COORDINACIÓN EDITORIAL: GRACIELA INIESTRA RAMÍREZ
EDICIÓN: MARCO ANTONIO VERGARA SALGADO
REDACCIÓN: MARCO ANTONIO VERGARA SALGADO
ILUSTRACIONES: RAÚL PARDO VILLASEÑOR
DISEÑO DE PORTADA: RAÚL PARDO VILLASEÑOR
DISEÑO: CHANTI EDITORES
FORMACIÓN: JESÚS SALAS PÉREZ
CORRECCIÓN: MARIANELA SANTOVEÑA RODRÍGUEZ
EDICIÓN TÉCNICA: JULIO ALEJANDRO SERRANO CALZADO

D.R. © MMXIX E.L., S.A. DE C.V.
RENACIMIENTO 180, COL. SAN JUAN TLIHUACA,
DELEGACIÓN AZCAPOTZALCO,
MÉXICO, 02400, CIUDAD DE MÉXICO

PRIMERA EDICIÓN, FEBRERO DE 2019

ISBN: 978-607-21-2134-8

IMPRESO EN MÉXICO – *PRINTED IN MEXICO*

SE TERMINÓ DE IMPRIMIR EN FEBRERO DE 2019, EN
IMPRESOS VACHA, S.A. DE C.V., JUAN HERNÁNDEZ Y
DÁVALOS NÚM. 47, COL. ALGARÍN, C.P. 06880,
DEL. CUAUHTÉMOC, CIUDAD DE MÉXICO.

índice

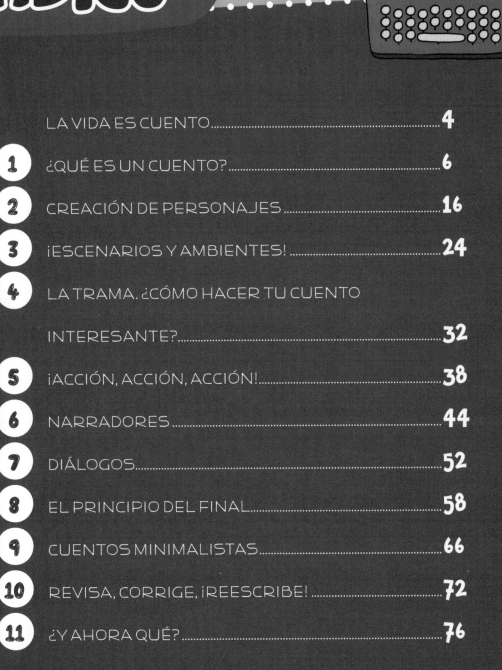

LA VIDA ES CUENTO

Contar historias es algo que la humanidad ha hecho desde que es humanidad. Por supuesto, en un principio no se hacía por escrito, sino en torno a una fogata a cuya luz se contaban historias prehistóricas. pero poco a poco las historias que contamos han ido evolucionando junto con nosotros.

¿Por qué escribimos cuentos? Porque es parte de nuestra naturaleza. Lo hacemos para recrear nuestra realidad, para recordar, para vivir, para divertirnos, para conmover e incluso para entristecer; a veces contamos historias para iluminar y otras veces para oscurecer. El escritor Eduardo Galeano contaba que un pajarito le había dicho que los seres humanos estamos hechos de historias, así que también escribimos para expresarnos y, de esta manera, descubrirnos un poco más a nosotros mismos.

¿Te gustaría descubrir de qué historias estás hecho? ¿Quieres inventar aventuras fantásticas, desentrañar misterios, sobrevivir a guerras, participar en carreras, visitar el inicio de la historia o el futuro más distante? Tú tienes la capacidad de crear miles de mundos e historias... Incluso de destruirlos, pues los cuentos que escribas serán todo lo que tú quieras: alas para volar, paraguas para la lluvia, escudos contra flechas, espadas y arcos, capas de superhéroe, barcos piratas y hasta naves espaciales, estrellas, galaxias y agujeros negros... La buena noticia es que sólo necesitas dos cosas: tener algo para contar y saber cómo contarlo ¡Y este libro te ayudará a conseguirlas!

¿Comenzamos?

1 ¿QUÉ ES UN CUENTO?

Se trata de una narración breve que puede estar basada en hechos reales o en sucesos completamente ficticios sacados de la mente del autor ¡hasta pueden combinar realidad con fantasía!

Aunque en este libro aprenderás a crear cuentos de forma escrita, en un principio lo más normal era contar cuentos de manera oral, como cuando tu abuelo te relata una historia de terror o tu mamá te cuenta lo que hacía cuando era niña. Esto es porque los humanos somos una especie narrativa.

Y AUNQUE LOGRÉ ESCAPAR CON CASI TODAS MIS PÁGINAS... ¡ESTUVIERON A PUNTO DE CONVERTIRME EN PELÍCULA!

Así como tus papás y tus abuelos te narran historias, una buena parte de los cuentos se ha transmitido de generación en generación y poco a poco se han vuelto muy populares. Por ejemplo, los hermanos Grimm reunieron por escrito relatos orales como *La Cenicienta* y *El gato con botas.* Tú también puedes comenzar a escribir de esa manera, sólo tienes que rellenar los espacios en blanco con una historia que te hayan contado. Si no recuerdas ninguna, ¡puedes contar el sueño más loco que hayas tenido!

¡No olvides hacer un dibujo para ilustrar tu cuento!

Todo comenzó

Después

Y al final

BUSCA GRANDES HISTORIAS. ¡CREA IDEAS GENIALES!

Ya te has decidido a ser un gran escritor ¡y quieres ser el más grande cuentista! Así que le sacas punta a tus lápices, buscas tu mejor pluma o enciendes tu computadora y de pronto... te enfrentas a esa terrible hoja en blanco que no sabes cómo llenar y sólo parece burlarse de ti.

¡No te preocupes! No eres la primera persona que le teme a las terribles hojas en blanco, y tampoco eres el primero que se frustra al no saber cómo reaccionar ante ellas. ¡Afortunadamente en este libro podrás encontrar algunas herramientas para desatar tu creatividad!

LA HOJILLA DOMADA

No tienes por qué empezar con una hoja en blanco. En algún periódico o página de internet busca una noticia que te llame la atención, cualquier cosa sirve: si una mente criminal se escapó de la cárcel o si cierto presidente está en contra de los migrantes, ¡incluso si la gente hace filas kilométricas para conseguir un nuevo celular! Lee esa noticia un par de veces para que la recuerdes bien, después imagina que tú eres alguna de las personas sobre las que se escribe y relata la misma noticia pero desde esa perspectiva.

Recuerda pedir el permiso y la asesoría de tus padres si vas a usar internet.

¡UFFF! DE LA QUE ME SALVÉ

¿HIPÓTESIS KAFKIANA?

Un buen día el escritor Franz Kafka se hizo a sí mismo una pregunta disparatada: ¿qué pasaría si me despertara siendo un insecto gigante? Después se puso a escribir imaginando que esa hipótesis fuera real: "Cuando Gregorio Samsa se despertó una mañana de su inquieto sueño, se encontró en la cama, convertido en un insecto gigante". **¡Así fue como logró crear toda una novela llamada _La metamorfosis_!***

Tú también puedes hacerte preguntas disparatadas y comenzar a escribir partiendo de esas hipótesis, para así crear tu propio cuento. Hazte toda clase de preguntas. ¿Qué habría pasado si los dinosaurios jamás se hubieran extinguido? ¿Cómo sería el mundo si los cerdos volaran? ¿Qué pasaría si un vaquero tuviera un duelo contra un insecto gigante, un extraterrestre, una bruja buena o contra el mismo Kafka?

¡Colorea al personaje de Kafka para que se pueda batir en duelo!

*Nota: ejemplo puramente inspirativo, la realidad pudo no haber sucedido como se narra.

Siempre que escribas un cuento evita dar rodeos y perderte demasiado en detalles que no aporten fuerza y potencia a tu narrativa. Hay una razón por la cual los cuentos son breves, y es que, según opinaba el escritor y gran cuentista Julio Cortázar, **¡el cuento debe ganarle a sus lectores por nocaut!** Es decir que un buen cuento debe enfocarse en provocar emociones y reacciones que sorprendan al lector, por eso siempre procura ser tan directo y breve como puedas, buscando causar impactos sorprendentes y poderosos.

¡GANCHO DE CUENTISTA!

Es por esto que el cuento es mejor si se enfoca en mostrar una situación concreta, mientras que la novela puede describir y crear mundos con mayor profundidad... pero más adelante hablaremos sobre eso.

NO TE QUEDES ESPERANDO LA INSPIRACIÓN

Imagina que un día estás haciendo el súper con tus papás, y justo en el pasillo de los cereales llega a ti la más grandiosa de las ideas para escribir una historia genial. Buscas con desesperación una pluma y una hoja para anotarla, pero lo único que hay a tu alrededor son cajas y cajas de frutilupis... y cuando por fin llegas a tu casa es demasiado tarde, la idea se ha ido y ya no eres capaz de recordarla.

Bueno, pues así es la inspiración: no te va a preguntar un horario para ir a buscarte, ni esperará a que estés preparado para regalarte una idea brillante. ¡No!
La inspiración puede llegar en cualquier momento y en cualquier lugar, puede sorprenderte en el súper, en la cola de las tortillas, en la clase de geografía y hasta en el baño... y es tu trabajo como escritor y futuro cuentista estar listo en todo momento.

¡UN VERDADERO CUENTISTA SIEMPRE ESTÁ PREPARADO!

En realidad estar listo es lo más sencillo del mundo, basta con tener siempre a la mano una pequeña libreta y un lápiz, con eso es más que suficiente. Por supuesto también puedes tomar notas en alguna aplicación de cualquier dispositivo, o puedes usar una grabadora de reportero para registrar tus ideas y escucharlas cuando las necesites, incluso puedes tomar fotografías si eso te ayuda a recordarlas.

Es posible que tus amigos te vean un poco raro si siempre tienes una libreta, grabadora y cámara fotográfica contigo... pero no te preocupes, cuando ellos tengan una idea genial y ningún lugar donde registrarla, serás tú el que se burle. ¡El que ríe al último ríe mejor!

MÁS, QUE UN HÁBITO, UNA FORMA DE VIDA

Aún más importante que estar siempre preparado es que comiences a adoptar el hábito de escribir. Lo mejor es que te pongas un horario y una meta y trates de cumplirlos. Esto puede ser complicado y requiere de mucha disciplina, pero tiene grandes recompensas, pues cualquiera puede escribir cuando está inspirado, pero sólo los verdaderos escritores son capaces de crear aún en situaciones poco favorables.

La gran escritora Virginia Woolf recomendaba llevar un diario, ya que escribir un poco todos los días es un gran entrenamiento para perfeccionar tus habilidades literarias. ¡Puedes escribir un diario imaginando que eres un personaje de ficción!

QUERIDO DIARIO, CREO QUE ENLOQUECERÉ OTRA VEZ... EXTRAÑO MUCHO LA TELE.

2 CREACIÓN DE PERSONAJES

Independientemente del origen de la inspiración, todos los grandes cuentos e historias tienen algo en común: ¡personajes extraordinarios! Algo superimportante en un cuento es contar cómo los personajes enfrentan dificultades, pierden, ganan, aprenden y se transforman gracias a lo que viven.

Mientras más realistas sean los personajes, mucho mejor. Para ello es útil imaginar cómo son: **¿es hombre o mujer? ¿Es alto, baja, gordo, flaca, débil o fuerte?** Es fundamental que todos los personajes tengan su propia forma de ser, su historia, sus fortalezas y debilidades, pues eso les dará humanidad y realismo ¡aun cuando no sean ni humanos ni reales! Piensa en ellos como gente real que vive en el mundo que tú crearás.

Al personaje principal se le llama **protagonista** y sus acciones son las que determinan el flujo del cuento. En gran medida, lo que tú escribas será la historia de ese personaje, sus metas y motivaciones.

Frodo Bolsón, de *El Señor de los Anillos*, es un hobbit al que le gusta leer, tiene ojos azules, piel blanca y pálida. Su objetivo es destruir el Anillo Único y así librar a la Tierra Media del malvado Sauron para siempre. ¡Tiene un grupo de amigos que hará de todo para ayudarlo!

Por otra parte, al personaje que se enfrenta al protagonista se le llama **antagonista**. No pienses en él sólo como el malo malote de la historia, es mejor si piensas que el antagonista también tiene su propia personalidad y sus razones para enfrentarse al protagonista. Por ejemplo, ambos pueden tener la misma meta, de manera que el éxito de uno significa el fracaso del otro. Contestar las siguientes preguntas te ayudará a definir a tus personajes.

Sauron era un espíritu con buenas intenciones, pero fue corrompido y ahora es un ser inmortal y maligno que contamina el mundo con criaturas malévolas y magia negra, mientras está a la espera de recuperar el Anillo Único para recobrar todo su poder. ¡Todo un ejército oscuro está a sus órdenes!

¿Cómo es el protagonista de tu historia?

_____

_____

¿Qué es lo que quiere?

_____

_____

¿Por qué lo quiere?

_____

_____

¿Qué necesita para lograrlo?

_____

_____

¿Hay alguien que quiera impedírselo?

_____

_____

EL MAPA DE TUS PERSONAJES

Construir un mapa para cada personaje es muy útil a la hora de hacer un cuento, porque te obliga a definir partes importantes de su personalidad. ¡Rellena los datos del protagonista de tu cuento!

NOMBRE:

SEXO:

EDAD:

ALTURA Y PESO:

¿CUÁLES SON SUS MIEDOS Y MOTIVACIONES?

¿CUÁL ES LA IMAGEN QUE BUSCA PROYECTAR EN LOS DEMÁS?

¿CUÁLES SON SUS METAS Y SUS ILUSIONES?

¿CÓMO ERA EL LUGAR DONDE CRECIÓ Y CÓMO LO INFLUENCIÓ?

DIBUJA A TU PERSONAJE

¿CUÁLES SON SUS HABILIDADES Y DEBILIDADES?

SI NO LOGRA SUS METAS, ¿QUÉ ES LO QUE PERDERÍA?

SI GANA SUS METAS, ¿QUÉ ES LO QUE CREE QUE GANARÍA?

Tu antagonista también debe estar muy bien definido, y para lograrlo puedes hacerle un perfil como los de las redes sociales. Tanto el mapa como el perfil son técnicas que te ayudarán a crear personajes. Lo ideal es que hagas uno por cada personaje. ¡Puedes usar la técnica que más te guste!

SEXO:

EDAD:

NOMBRE:

ALTURA:

PESO:

DIBUJA A TU PERSONAJE

HÁBITOS Y TEMORES

GUSTOS Y DESAGRADOS

HABILIDADES Y DEBILIDADES

DESEOS Y METAS

¿CÓMO ELEGIR UN NOMBRE?

Darle nombre a un personaje puede parecer algo trivial, después de todo hay millones de nombres y sólo haría falta escoger algunos. ¡Pero en los cuentos nada es trivial! El nombre de un personaje determina la manera en que los lectores lo conocerán y responderán a él. Tan sólo imagina que estás escribiendo un cuento policiaco muy serio y el detective se llama Esteban Dido... Quedaría muy raro, **¿no crees?**

Un buen nombre puede reflejar los atributos de tu personaje. Por ejemplo, un guerrero llamado Sansón da la idea de que es muy fuerte, pero si el que tiene ese nombre es un perrito chihuahueño el resultado sería más bien irónico.

¡Pon a prueba tus habilidades para nombrar personajes! ¿Qué nombre le pondrías a cada uno de los personajes que se mencionan abajo?

Un luchador profesional muy fuerte al que le encantan las flores

_____
_____
_____
_____
_____

Una violinista famosa que por las noches combate el crimen

_____
_____
_____
_____

Un robot que se dedica a cortar galletas pero que quiere viajar a la Luna

_____
_____
_____
_____

ENCUENTRA LA VOZ CORRECTA

Ya que tengas una serie variada de personajes únicos y diferentes, deberás lograr que cada uno se exprese de la forma correcta. No es que deban expresarse bien gramaticalmente, ni como lo harías tú, sino tal como lo haría él o ella. ¿Las palabras que has elegido suenan bien en su boca? ¿Realmente es creíble que ese personaje se exprese de esa manera?

CADA PERSONAJE DEBE TENER SU PROPIA VOZ, PARA ESO DEBES TENER MUY CLARO CÓMO SON TUS PERSONAJES Y QUÉ COSAS DIRÍAN.

Esto es importantísimo porque los lectores conocen y reconocen a los personajes por la forma en que se expresan. El escritor Benito Taibo cree que es fundamental darle una voz individual a cada personaje, y que cada uno diga solamente lo que realmente diría. No se vale que haya personajes distintos pero que hablen igual.

¡Más adelante profundizaremos más en los diálogos!

21

Como puedes ver, cada uno de los personajes de esta página es muy diferente del resto. Imagina quiénes son y cómo es su personalidad, y después **¡diviértete escribiendo lo que podrían decir!**

EN LA MENTE DE TUS PERSONAJES

Los mejores personajes son como las personas: tienen mentes complejas llenas de contrastes y contradicciones. En ese sentido, los mejores héroes son los que luchan contra sus propios demonios, mientras que los villanos más magníficos son los que están convencidos de ser los héroes de su propia historia.

Pensándolo bien, todo es cuestión de perspectiva. Esto quiere decir que en los cuentos, como en la vida, no hay nada que sea absolutamente bueno o malo, aburrido o interesante: todo depende de la manera en la que escribas. Toma el ejemplo del Dr. Jekyll, un científico que creó una poción para separar la parte más humana y bondadosa del lado más maléfico de su personalidad. En un mismo personaje conviven bondad y maldad, héroe y villano.

¡EL HOMBRE VERDE AMA TÍTERES!

 ¡ESCENARIOS Y AMBIENTES!

Ya has imaginado un montón de personajes, pero, ¿has pensado cómo es el lugar donde viven? ¿Hacia dónde tienen que dirigirse para alcanzar sus metas? Pensar en todo esto es muy importante para el desarrollo de tu cuento, no sólo porque los lugares influyen en el desarrollo de tu historia, sino también porque ese lugar será al que entren tus lectores y de ti dependerá que queden fascinados o que les parezca totalmente falso.

LA PRIMERA LEY DE LA LO-BÓTICA ES SOPLAR, SOPLAR Y UNA CASA DERRIBAR.

Antes hablábamos de que la novela se presta más para crear mundos, ¡pero también puedes crear mundos increíbles como cuentista! Por ejemplo, puedes hacer toda una colección de cuentos ubicados en un mismo ambiente, ya sea un mundo fantástico, una tierra de zombis o un lugar del futuro distante. El libro *Yo, robot* en realidad es una colección de cuentos que narran una historia más compleja.

El tipo de lugares y ambientes que puedes crear sólo está limitado por el tipo de historias que imagines, pueden ser sitios reales, fabulosos o legendarios. Edwin A. Abott escribió el libro *Planilandia: Una novela de muchas dimensiones*, el cual cuenta la historia de un cuadrado que vive en un mundo de sólo dos dimensiones. ¡Más adelante el cuadrado conoce a una esfera y se aventura en el increíble mundo de las tres dimensiones!

¡Anota tus ideas para mundos y ambientes fantásticos!

CARTÓGRAFO

Dibuja en estas páginas un mapa que muestre el mundo de tu cuento. ¡Deja volar tu imaginación! Puedes dibujar todo lo que quieras: montañas, acantilados, cordilleras, mares, lagos, islas, archipiélagos, cuevas, desiertos, oasis, glaciares, volcanes... ¡Puedes crear desde casas embrujadas hasta una galaxia entera!

¡Anota las particularidades
de tu mundo!

LA SITUACIÓN PERFECTA

Para crear los ambientes no te limites sólo a un lugar, pregúntate en qué tipo de situación pondrás a tus personajes. ¡Esto será parte crucial de tu creación! Por ejemplo, si tu cuento se desarrolla en un apocalipsis zombi, ¿tu protagonista será el último científico del mundo que descubra la cura de la zombificación, o será un policía que despierta luego de un coma para encontrarse en un mundo devastado? Cualquier situación es muy interesante, pero implica historias muy diferentes.

En las hojas encontrarás dos situaciones, ¡pon a ejercitar esa pluma y escribe un poco partiendo de ellas!

1. Un hombre ve un ovni y escucha palabras extrañas en su cabeza.

2. Una chica tiene que ganar una carrera de motocicletas para recuperar a sus gatitos.

ENCUENTRA TU MUSA

No te preocupes si sientes que no se te ocurre ningún mundo lo suficientemente maravilloso, no todo tiene por qué ser fantasía. ¡Muchas de las narraciones más increíbles se sitúan en lugares reales!

Si vas a basarte en un sitio real, lo mejor es que lo conozcas bien o al menos vayas a visitarlo y tomes muchas fotos. Éstas te servirán como referencia para ubicar la acción de tu cuento justo ahí, así le darás una gran dosis de realidad a tus historias.

Si no puedes viajar demasiado ¡siempre puedes hacer una visita digital! Busca en internet fotos de los lugares, investiga la historia de esos sitios tan interesantes y revisa mapas de la zona. ¡Con internet puedes visitar cualquier lugar del mundo sin salir de tu casa!

Recuerda pedir el permiso y la ayuda de tus papás para usar internet.

Pega una foto aquí

CREA SITUACIONES PARA LOS SIGUIENTES ESCENARIOS

Aquí tienes algunos escenarios, imagina qué tipo de situaciones o historias se pueden desarrollar en ellos.

El vagón de un tren que va a toda marcha y sin control

Una ciudad en ruinas

Piensa que los escenarios también pueden expresar emociones si reflejan o contrastan con los sentimientos de los personajes. Un ejemplo clásico es que llueva mientras hay un funeral, con lo cual se expresa que hasta el mismo cielo está llorando.

PRODUCE UN MUNDO A PARTIR DE SITUACIONES

Ahora haz el ejercicio opuesto, ¡crea un mundo donde ocurran las siguientes situaciones!

¡Las ardillas han tomado el control del mundo!

La gravedad funciona al revés: ¡Te aleja del suelo!

Ten en cuenta que no es necesario describir con detalle los lugares en un cuento, después de todo no estás haciendo un libro de geografía.

LA TRAMA. ¿CÓMO HACER TU CUENTO INTERESANTE?

Tal vez ya lo sepas, pero la "trama" originalmente hace referencia a un tejido, y es que un cuento es un tejido en el que las historias, los personajes y los acontecimientos son los hilos, y por supuesto hay cuentos en los que los hilos quedan un poco flojos ¡y hay cuentos muy bien tejidos!

Ya creaste un mundo, personajes e incluso has pensado en las situaciones que éstos vivirán, pero para lograr un buen cuento hace falta tramar un plan maestro. Lo mejor es que antes de comenzar a escribir planifiques lo que sucederá: divide la historia de tu cuento en pequeños eventos e intenta relacionarlos para que se encadenen entre sí y te lleven naturalmente hacia el final. **Un ejemplo muy simplificado sería:**

1. Caperucita va a la casa de su abuela. Le dicen que no hable con desconocidos.

2. Ella desobedece y le cuenta al lobo hacia dónde va.

3. El lobo se adelanta a la casa de la abuela y tiende una trampa.

4. Caperucita llega a la casa de la abuela. El lobo trata de comerla.

5. Ella descubre al lobo y pide ayuda a un leñador.

6. El leñador salva a Caperucita.

Evento 1 (Inicio)

_____

_____

_____

Evento2

_____

_____

_____

Evento 3

_____

_____

_____

Evento 4 (Final)

_____

_____

_____

¡Usa este tejido para planear tu trama, dividiéndola en pequeños eventos!

¡ASÍ ES COMO SE TEJE UN CUENTO!

HUECOS Y DESHILACHADOS

¿No te ha pasado que mientras lees un cuento o ves una película de pronto te das cuenta de que lo que está pasando no tiene sentido? Esas inconsistencias narrativas, esas faltas de sentido, son huecos en la trama, y te recuerdan que lo que ves o lees es sólo un artificio. **¡Ten cuidado con los huecos, porque terminarán matando a tu cuento!**

Evitar por completo los huecos es algo muy difícil, pero es una tarea que los escritores deben dominar. Lo ideal es buscar que todos los acontecimientos de tu historia se relacionen lógicamente y que tus personajes actúen siempre de manera coherente. Así que procura que tu protagonista no escale una montaña si lo acaban de herir un momento antes. ¡Tampoco vayas a hacer que dos rivales se vuelvan amigos sólo porque sus papás tienen el mismo nombre!

¡AIURA!

34

RELLENEMOS ESOS HUECOS

Por supuesto que tú mismo tendrás que detectar y arreglar los agujeros de tus propios cuentos, pero mientras puedes poner en práctica tus habilidades rellenando los huecos en estas historias. ¡Recuerda que tienes que buscar que todo sea lógico y tenga sentido!

Una chica descubre que tiene la habilidad para modificar la realidad...

_____

_____

_____

_____

_____

El mundo donde vive resulta ser un videojuego y ella es el enemigo final.

Dos hermanos prometen viajar a Japón algún día...

_____

_____

_____

_____

Sólo uno de los hermanos llega a ese lejano país en una balsa construida con botellas de plástico.

LLEGAR A LA CIMA DEL CUENTO: EL CLÍMAX

Todo cuento llega a una cúspide, la parte más interesante, ésa que, como veíamos con Julio Cortázar, le gana al lector por nocaut.

El clímax es justo cuando, de la manera menos esperada, el último científico de la Tierra descubre la cura de la zombificación, o cuando el detective por fin logra desenmascarar al asesino.

¡Éste es el punto de mayor tensión, cuando el lector no puede despegar los ojos del libro!

Escribe cuál crees que sea el clímax de los siguientes cuentos populares:

Los tres cochinitos

_____
_____
_____
_____
_____
_____
_____

La Cenicienta

_____
_____
_____
_____
_____
_____
_____

Blanca Nieves

_____

_____

_____

_____

_____

_____

_____

Estos cuentos clásicos son muy populares, pero si no los conoces, siempre puedes pedirle a tus papás que te los cuenten. Después de escribir los clímax de cada cuento, ¡colorea esta escena cúspide!

TENGO QUE HACERTE UNAS PREGUNTAS MUY IMPORTANTES.

Caperucita Roja

_____

_____

_____

_____

_____

_____

_____

_____

5 ¡Acción, acción, acción!

Movimiento, fuerza, energía, actividad, ¡peleas y explosiones! Quizá ya sepas que en los cuentos, por tratarse de narraciones breves y rápidas, es esencial relatar acciones y hechos. Un cuento en el que no pasa nada difícilmente podrá parecerle interesante a alguien.

Pero no creas que la acción es solamente la serie de acrobacias y explosiones que ves en las películas. En realidad se puede referir a cualquier cosa que impulse la trama, así que pueden ser cosas tan sencillas como un niño que recibe una carta misteriosa en su cumpleaños número 11, o tan increíbles como un bebé que llega a la Tierra en una nave espacial.

¡AIURA DE NUEVO, COLORÉAME PARA RELLENAR MIS HUECOS!

¿Ya te diste cuenta? Estas acciones son las que conducen a los eventos que vimos en la página 29, así que son parte fundamental en el tejido de la trama y, por lo tanto, también en el cuento mismo. Hay dos puntos clave que debes cuidar a la hora de narrar acciones:

1. **Empatía: los lectores deben sentir que realmente están en el cuento, que a ellos mismos les cuesta trabajo superar las adversidades a las que se enfrenta el héroe. Lo que es más: deben saber que las acciones del villano están mal, y aun así pensar que, de haber estado en sus zapatos, ellos habrían hecho exactamente lo mismo.**
2. **Verosimilitud: todo lo que ocurra debe sentirse real, y para ello no es necesario seguir las leyes físicas, sino la lógica del propio cuento. No puedes usar demasiadas salvaciones milagrosas ni hacer que el protagonista salte sobre un tiburón sólo porque es emocionante. Las acciones sin sentido se perciben como huecos en la trama ¡y demasiados huecos terminarán por matar tu cuento!**

NO LO DESCRIBAS, ¡HAZ QUE OCURRA!

Quizá uno de los mayores problemas que enfrentan los escritores novatos es evitar que el narrador describa algo que se expresaría mejor con acciones o sensaciones. El gran escritor Antón Chéjov decía: "no me cuentes que la Luna está brillando, muéstrame el destello de su luz en un pedazo de vidrio". Para transmitir ideas y emociones es muy útil cambiar palabras abstractas y generales por términos más específicos que remitan a imágenes. Observa los siguientes ejemplos.

¡LLÉVAME A MÍ!

1. El día que murió mi tortuga y la tuve que enterrar y fue muy triste, todos nos sentíamos así muy mal, sobre todo yo, porque era mi mascota. Lo peor fue cuando comencé a echarle tierra encima, eso fue lo más triste entre todo lo triste.

2. El dolor que causa la muerte de una mascota no se puede describir con palabras, es algo que te parte el alma. Lo peor fue tener que enterrarla yo mismo, cada puño de tierra era un golpe en mi corazón... afortunadamente mis lágrimas se confundían con las gotas de lluvia que caían en ese momento.

Por supuesto que el último ejemplo es muy exagerado, pero es una buena muestra de cómo un mismo suceso puede cambiar drásticamente cuando se eligen las palabras correctas. La lluvia puede enfatizar la tristeza del momento sin mencionar una sola vez la palabra tristeza... aunque en un entierro quizá sea un cliché.

Sin embargo no todo tiene que ser mostrado. Un verdadero escritor sabe perfectamente cuándo contar, cuándo mostrar y cuándo hacer que ocurran las cosas. Como regla general, si una parte de tu cuento no es muy relevante puedes contar lo que pasa, pero si es una parte crucial lo mejor es **"mostrar los rayos de la Luna"**.

PALABRAS DE ACCIÓN

Los verbos son el tipo de palabras que buscas para narrar las acciones. Aquí abajo te dejamos algunas muy interesantes.

¿Se te ocurren más palabras de acción? ¡Anótalas en el espacio de abajo!

Negociar

Ver

Caminar

Girar

Decir

Estafar

Aplaudir

Reparar

Dar

Comer

Saltar

FOTOGRAFIAR

Sonreír

DISPARAR

Llorar

Construir

Rasgar

Leer

Destruir

Practicar

Correr

Escribir

Tocar

Crear

Batallar

Morder

Nadar

Cocinar

Perseguir

Imaginar

Cantar

Soplar

Acusar

Romper

Repetir

PLATICAR

ES MOMENTO DE ENTRAR EN ACCIÓN

¡Pon a prueba tus habilidades para mejorar una redacción y para expresar emociones por medio de acciones! Reescribe el texto de la izquierda para que la narración no sea tan torpe y simplona.

1. Un día me llevé una sorpresa: encontré a un señor que parecía confundido, parecía un anciano normal, pero tenía unas alas muy grandes que batía con esfuerzo... estaba como asustado. Decidí llevarlo a mi casa y cobrar para que la gente lo viera, seguro sería un buen negocio.

2. _____
_____
_____
_____
_____
_____
_____
_____
_____
_____

¡Prueba dándole diferentes tonos a tu texto! Puede ser cómico, misterioso, trágico, o lo que tú prefieras.

Elige a uno de los personajes mencionados abajo (o alguno de tus personajes) y reflexiona un poco sobre su forma de ser y su vida. Después imagina qué tendría que pasar para sacar al personaje de sus casillas y provocarle un ataque de furia. ¡Escribe un relato en el que eso ocurra!

1. Una anciana que fue bailarina de joven. 2. Un chef de repostería. 3. Una escritora de libros infantiles.

_____
_____
_____
_____
_____
_____
_____
_____
_____
_____
_____
_____
_____
_____
_____
_____

6 NARRADORES

¡CHAMACOS! ¿QUIEREN QUE LES CUENTE UN CUENTO?

¡TÚ NO NARRAS LOS CUENTOS!

¿Sorprendido? ¡Pues es verdad! Es muy importante que entiendas la diferencia entre tú (el escritor) y quien narra el cuento (el narrador): tú eres una persona real que escribe cuentos, mientras que el narrador no es una persona real, sino una creación a la que tú también debes darle voz y las palabras adecuadas para contar lo que pasa en la historia. Hay muchos tipos de narradores y hay muchas formas de clasificarlos, veamos algunos que son muy útiles.

SEGÚN LA PERSONA QUE UTILICEN

Primera persona: Se usa para narrar la historia desde el punto de vista de uno de los personajes, normalmente el protagonista. Este narrador está dentro del mundo de ficción que creaste y nos cuenta sus experiencias. Usa las primeras personas: yo y nosotros.

Mira el ejemplo de la derecha.

NO CREO NI PIDO QUE ALGUIEN CONFÍE EN MIS PALABRAS... SOBRE TODO CUANDO NI YO MISMO PUEDO CREER LO QUE ME HA PASADO. PERO DÉJENME COMENZAR A CONTAR MI HISTORIA DESDE EL PRINCIPIO: DESDE NIÑO ME ENCANTABAN LOS ANIMALES.

45

Segunda persona:

Es poco utilizada, pero cuando se usa correctamente es una gran herramienta para atrapar a los lectores en la narrativa, pues son ellos quienes realizan las acciones. La novela corta (¿quizás sea un cuento largo?) *Aura*, escrita por Carlos Fuentes, está narrada en segunda persona. Pon atención al ejemplo y al uso de la persona.

Ejemplo*:

Lees ese anuncio: un oferta de esa naturaleza no se hace todos los días. Lees y relees el aviso. Parece dirigido a ti, a nadie más. Sólo falta que las letras más negras y llamativas del aviso informen: se solicita a

_____

(anota tu nombre)

A MÍ NI ME VEAN. ESO DE LA SEGUNDA PERSONA LO INVENTÓ VELÁZQUEZ EN *LAS MENINAS*.

AURA

* El ejemplo es un extracto con ligeros cambios del libro *Aura*.

46

Tercera persona:
Este tipo de narrador ve la acción desde fuera y cuenta todas las cosas que le sucedieron a alguien más. Es como un cronista que está oculto, pero que suele saber todo lo que pasa. Es el narrador más común en los cuentos tradicionales.

Ejemplo:

El joven se dio cuenta de lo tarde que era y se fue corriendo hasta el lugar donde guardaba su motocicleta. Se imaginaba impresionando a todos sus amigos cuando lo vieran sobre su corcel de metal, pero lo que no sabía es que lo esperaba una noche llena de sorpresas.

YO LO VI TODO: PRIMERO SE EMPEZÓ A CAER... Y LUEGO SE CAYÓ

SEGÚN EL CONOCIMIENTO DE LO QUE NARRA

Omnisciente:

Este narrador conoce absolutamente todos los detalles de la historia y los va contando conforme ésta avanza. Además, puede entrar en la mente de los personajes para comunicarnos sus pensamientos, sentimientos y hasta opinar al respecto. ¡Nada está fuera del alcance de su conocimiento!

Protagonista:

Cuenta su historia en primera persona y con sus propias palabras, como si fuera su autobiografía. Con este tipo de narrador recibiremos la historia tal como la "vivió" el personaje. Piensa bien en qué tiempo relatará la historia, porque no es lo mismo que tu narrador vaya contando los hechos conforme avanzan, que si cuenta una historia de su juventud.

¿VEN?: YO PROTAGONIZO MIS PROPIOS DIÁLOGOS.

Testigo:

Como lo dice su nombre, este narrador es alguien que presenció las acciones desde un punto de vista concreto, puede estar dentro del mismo cuento pero sólo como un observador. Podría tratarse de un testigo casual, alguien que ve los hechos de primera mano, ¡e incluso un espía!

Equisciente:
Es una palabra complicada, pero básicamente quiere decir que el papel de narrador lo tomará uno de los personajes (no el protagonista). Dicho personaje tiene una determinada vida dentro de tu mundo y sólo tendrá conocimiento de lo que haya vivido o le hayan contado. Por ejemplo, no tendrá idea de lo que pasó hace cien años, a menos que se lo cuenten o lo haya leído en un libro de historia.

Deficiente:
Como lo dice su nombre es un narrador "incompleto" en el sentido de que no conoce la historia tan bien como el protagonista. Se enfoca en registrar sólo las cosas que se pueden ver y escuchar, pero sin meterse en la mente de los personajes ni expresar ninguna opinión. Todas las interpretaciones se las deja al lector, por ello también se le llama "objetivo". ¡Es el tipo de narrador más usado en el periodismo!

Narrador deficiente

¡Tu perro es un gran violinista!

¡Pon a prueba tu habilidad!
Escribe en papelitos individuales todos los tipos de narrador que se te ocurran, puedes ser tan específico como quieras. Dobla los papeles y ponlos en una gorra. Haz más papeles describiendo una situación y guárdalos en otra gorra. Finalmente escoge un papel de cada gorra y escribe un cuento con lo que te haya tocado.

NOTA LA DIFERENCIA

¡La mejor forma de comprender la importancia de los diferentes narradores es experimentar con los distintos puntos de vista! **En estas páginas tienes una escena, escribe lo que se te pide en cada una de las hojas en blanco.**

Escribe qué percibe y cómo se siente el personaje en el cuarto.

_____

_____

_____

_____

Escribe qué es lo que está pasando en toda la escena, tal como tú la percibes.

_____
_____
_____
_____

Escribe qué percibe y cómo se siente uno de los personajes de esta página.

_____
_____
_____
_____

9 DIÁLOGOS

Establecer cómo será tu narrador es un gran paso para un cuentista, pero te hace falta dar pasos cada vez más dinámicos para darle verdadera vida a un cuento. Ya en la página 21 hablamos sobre la importancia de que cada personaje tenga una voz propia y única. Estas voces se expresan ni más ni menos que por medio de los diálogos.

Con este elemento se introduce al lector a las conversaciones entre los personajes, como si él mismo fuera testigo y escuchara directamente a quien habla. Por ello es tan importante que los diálogos sean realistas, como si se tratara de una conversación entre personas de verdad.

MEJOR TE CUENTO LUEGO, JULITO BEBÉ, HAY GABOS EN EL ALAMBRE.

SIGAN HABLANDO, YO NO ESTOY AQUÍ.

Un doctor no habla igual que un vendedor de dulces o que un policía, ¡cada quien tiene su propia manera de hablar! Ni siquiera tú hablas igual cuando estás en casa de tus abuelitos que cuando juegas con tus amigos. La forma de hablar depende de las personas y las circunstancias, y eso debe manifestarse en tus diálogos.

¡La mejor manera de aprender a escribir diálogos es escuchar conversaciones reales! Escucha una conversación entre tus papás, tus hermanos o tus amigos y escribe un fragmento en los globos.

53

¡PINTA TU RAYA!

El ejercicio anterior fue muy útil para comprender la importancia de crear diálogos realistas, pero los globos para diálogos son un recurso más propio del cómic. En los cuentos no hay dibujos de los personajes ni globos que contengan sus palabras, así que los diálogos se indican de otra manera... ¡aquí entra en funcionamiento **la raya**, también conocida como guión largo!

Retomemos la actividad anterior. Vuelve a transcribir una conversación, pero esta vez en lugar de anotarla en globos guíate con las rayas que están en la hoja de abajo.

—

—

—

—

—

—

Seguro habrás notado que si sólo usas rayas, los diálogos pueden ser un poco confusos y carentes de emoción. Por eso a veces interviene el narrador para indicar qué personaje fue el que habló y hasta de qué manera lo hizo.

Observa el ejemplo de abajo, ¡las intervenciones del narrador también están enmarcadas por guiones largos!

—Sin globos será un poco confuso, ¿no? —dijo Gabo con tristeza.

—¡Para nada! —respondió con naturalidad Virginia.

—Pero, pero, pero... a mí me encantan los globos.

—No te preocupes, Gabo, algún día aprenderás a usar la raya. —sentenció Virginia con una sonrisa en el rostro.

—Okey —comentó resignado el escritor colombiano.

¡Y QUE ME DICE!

Los personajes no solamente "dicen" cosas; cuando quieren que nadie más escuche, las "susurran" o "musitan"; cuando están enojados, las "gritan", "rugen" o "exclaman"; a veces las "suspiran", las "murmuran" y hasta las "mastican".

Todo esto no sólo le da más expresividad a los diálogos, sino que incrementa el vocabulario, además de darle variedad y fluidez a la lectura, que de lo contrario se sentiría plana y demasiado artificial. ¡Un verdadero escritor sabe exactamente cómo es que se expresan sus personajes!

¡NO, OYE! Y QUE LE DIGO Y ME DICE... DICE: ¡NO, DICE!

¡NO ME DIGA, PAREJA!

¡ESCUCHA!

En la vida real, cuando la gente habla suele tartamudear, equivocarse, repetir las mismas palabras una y otra vez, ¡incluso se interrumpen mucho! Pero en tu cuento no puedes plasmar un diálogo de esa forma. Por muy real que quieras sonar, debes evitar estos vicios e intentar capturar solamente la esencia de lo que diría tu personaje y la manera en que lo haría. ¡Lo que debes imitar es el dinamismo con el que se mueven las pláticas!

¡Escribe un pequeño diálogo imaginando qué se pueden decir los policías de la página anterior!

Una vez que escribas los diálogos, lo mejor es leerlos en voz alta un par de veces para detectar palabras raras, cosas que suenen demasiado falsas, torpezas en las conversaciones o cualquier otro tipo de error.

8 EL PRINCIPIO DEL FINAL

PRINCIPIOS PODEROSOS

Para ganarle por nocaut al lector tu cuento necesita un inicio poderoso, así que debes reflexionar cuidadosamente cómo será la escena con la que abras el texto, de qué manera introducirás la historia y sus problemas, e incluso las palabras exactas para que el lector quede atrapado tan pronto como empiece a leer.

¡ESTE LIBRO ME ESTÁ ATRAPANDO!

No existe una receta para crear un principio poderoso. En el cuento, como en el universo, todo es relativo y muchas veces la forma de comenzar dependerá del tipo de cuento que vayas a contar, pues no es lo mismo presentar un misterioso asesinato, una historia de amor o el asalto a un banco.

NO TODO ES HABÍA UNA VEZ

No te limites, puedes comenzar tu cuento con las palabras que tú quieras, e incluso en la situación que tú quieras. Por extraño que parezca, no tienes por qué empezar tu narración por el principio. Si tú así lo quieres puedes comenzar tu cuento desde el final y contar cómo es que todo terminó de esa forma.

¡NO EN MI TURNO!

También puedes empezar un relato por la mitad de la historia, cuando los personajes ya estén metidos en el conflicto. Esta técnica se conoce como *in medias res* (en latín, "en mitad de las cosas") y es una excelente manera de lograr un inicio más dramático, más emocionante, con el que se puede captar el interés del lector rápidamente.

Por supuesto, cuando elijas comenzar desde un punto medio, lo más recomendable es retroceder al pasado para dar a conocer a los personajes y las acciones que los han conducido a la situación mostrada, para después comenzar a plantear el desenlace de la historia y la resolución del conflicto.

EJEMPLOS DE ARRANQUE

Ya sabes que puedes empezar un cuento como tú quieras, al final de cuentas es tuyo, ¡observa cómo otros escritores inician sus cuentos!

Inhala.
Toma tanto aire como puedas.
Esta historia debería durar aproximadamente lo que puedes aguantar tu respiración, y entonces sólo un poco más.
Así que escucha tan rápido como puedas.

-Tripas de Chuck Palahniuk

No lo van a creer, dirán que soy un tonto, pero de chico mis ilusiones eran volar, hacerme invisible y ver películas en mi casa.

-Las batallas en el desierto de José Emilio Pacheco

Cuando tenía seis años, vi una vez una imagen magnífica en un libro sobre la Selva Virgen que se llamaba "Historias Vividas". Representaba una serpiente boa que tragaba una fiera.

-El principito de Antoine de Saint-Exupéry

SI QUIERES CONTINUAR LEYENDO ALGUNA DE ESTAS HISTORIAS, PRIMERO CONSÚLTALO CON TUS PAPÁS, PUEDE QUE NO TODAS SEAN APTAS PARA TU EDAD.

¡Es cierto! Siempre he sido nervioso, muy nervioso, terriblemente nervioso. ¿Pero por qué afirman ustedes que estoy loco?

-El corazón delator de Edgar Allan Poe

EJERCICIO INICIAL

Completa el cuento escribiendo un inicio para la frase de más abajo. También puedes escribir el final si así lo deseas, pero de finales hablaremos en las siguientes páginas.

La séptima puerta

Al fin estaba frente a la puerta que había estado buscando tanto tiempo, francamente la había imaginado más majestuosa... pero lo que de verdad me sorprendió es que la puerta no tenía cerradura ni picaporte.

—Ésta no es el tipo de puerta que tú puedas abrir —susurró una voz desde el otro lado—. Pero si quieres puedes invitarme a pasar.

FINALES FASCINANTES

Así como un buen principio sirve para atrapar a los lectores, los buenos finales son los que hacen la diferencia entre un cuento bueno y uno excelente. Un desenlace genial dejará sorprendido y satisfecho al lector... probablemente hasta lo haga releer toda la historia.

Es muy normal que cuando una historia se acerca a su fin nosotros (lectores o escritores) ya sepamos cómo nos gustaría que acabara. Cuando tienes una historia de aventuras en la que el protagonista ha recorrido un largo camino lleno de obstáculos tortuosos, es muy normal que quieras verlo llegar a su destino de una buena manera.

¡Una buena idea para hacer finales fascinantes es jugar con las expectativas del lector, para sorprenderlo con un giro repentino!

¡NUNCA HUBO NINGÚN CRIMINAL ESCONDIDO EN EL ASILO PSIQUIÁTRICO, EL DETECTIVE FUE UN PACIENTE TODO EL TIEMPO!

TIPOS DE FINAL

Lo común es que en el final se le dé un cierre al cuento, se aten todos los cabos sueltos y se muestre la evolución de los personajes, ¡pero es tu cuento! Así que puedes dejar algunas preguntas sin responder o hacer que todo salga supermal. Aquí tienes varios tipos de final entre los que puedes elegir:

Cerrado: todos los conflictos que se tramaron encuentran una solución e incluso se sabe qué pasó con la vida de los personajes. El final no acepta más interpretaciones ni una continuación.

Abierto: es un final ambiguo en el que la trama queda sin resolver y no todas las preguntas son contestadas. El final está abierto a la interpretación de los lectores.

Sorpresivo: la trama se resuelve, pero no de la forma que cabía esperar, hay un último giro que no sólo hace que el final sea una sorpresa, sino que incluso cambia todo el sentido de la historia.

Natural: la trama encuentra su solución lógicamente, tal como se esperaba. Los mejores finales naturales son aquellos en los que los lectores, aun previendo el final, saben que los hechos no podrían haber ocurrido de otra manera por mucho que lo deseáramos.

Tip: Prueba varios finales y realiza pequeñas modificaciones hasta que te sientas cien por ciento satisfecho.

Es más difícil dar ejemplos de un buen final sin contar toda la historia, pero no olvides considerar los elementos desarrollados a lo largo del cuento, y recuerda que, mientras más sorpresiva sea la forma en la que los relacionas, más fuerte será el efecto sobre el lector.

Siempre ten en mente que la trama y todos los eventos deben conducir hacia el desenlace de la historia. Evita las soluciones mágicas y los finales sacados de la manga, y si toda la trama lleva a la muerte de un personaje (aunque sea tu favorito), no dudes en matarlo. No tienes que sentirte mal por ello, recuerda que no son personas reales.

NO ME QUIERO IR SEÑOR CORTÁZAR.

ENCUENTRA UN GRAN FINAL

Pon en práctica lo que has aprendido sobre finales y dale un gran desenlace al siguiente inicio. ¡También puedes ponerle un título original!

_____

Había una vez un monstruo que se había enamorado perdidamente de una bella hada, pero nunca se atrevió a decirle nada, porque para los monstruos, que sólo se preocupan por asustar a la gente y hacer monstruosidades, es una vergüenza enamorarse.

9 CUENTOS MINIMALISTAS

Existe un tipo muy particular de narrativa que se concentra en sorprender al lector usando el menor número de palabras. Para eso se necesita un lenguaje preciso y superafilado, que resuelva una historia en apenas un párrafo o unas cuantas frases. A estas narraciones se les conoce como microcuentos o minificciones.

¡CÁLLESE VI$%!

Estos relatos, tal vez por chiquitos, son un poco más difíciles de encontrar, pero los hay en abundancia. Quizá el más famoso sea *El dinosaurio*, escrito por Augusto Monterroso. Es tan chiquito que cabe completo en la siguiente página ¡y hasta sobra mucho espacio!

CARACTERÍSTICAS

Brevedad

Aunque la brevedad es la característica que más destaca de este tipo de narrativa, el criterio es un tanto subjetivo, ya que se pueden usar diez o veinte palabras, pero hay microcuentos de más de una página.

Indeterminación

En todo texto literario hay detalles imprecisos, pequeños espacios de indeterminación (como la altura exacta de un personaje, la forma de su nariz, o si es zurdo o diestro), y es el lector quien se encarga de imaginar ese tipo de detalles. Los microcuentos son tan cortos que buscan que el lector los interprete y les dé mayor profundidad.

Vínculos y relaciones

Para mantener los microcuentos tan concisos como sea posible, es necesario establecer vínculos con personas, hechos, circunstancias o hasta otros textos que ayuden al lector a descifrar el cuento. A esta estrategia también se le llama intertextualidad.

ENTENDÍ ESA REFERENCIA.

El dinosaurio

Cuando despertó, el dinosaurio todavía estaba allí.

-Augusto Monterroso

TODO CABE EN UN CUENTITO

Para que queden más claras las características que acabamos de ver, haremos un pequeño análisis de un par de microcuentos.

¡Ahora te toca a ti!
Analiza el siguiente microcuento

El fantasma

-Guillermo Samperio

El Migrante

—¿Olvida usted algo?
—¡Ojalá!

-Luis Felipe Lomelí

El título nos pone en contexto, pues hace referencia a alguien que se ha ido de su país. Tal vez no lo sepas, pero gran parte de los migrantes abandonan sus hogares huyendo de situaciones muy difíciles para ir en busca de una vida mejor. La migración es un tema superamplio con el que se pueden crear muchos vínculos. El cuento consta sólo de un diálogo, así que todo lo demás queda indeterminado, pero podemos interpretar que en la respuesta del migrante: "¡Ojalá!", se esconde mucha nostalgia por su hogar y mucha tristeza por las razones que lo llevaron a huir. Todo esto está contenido en un microcuento así de breve.

¡No hay ningún error! *El fantasma* es un microcuento sin texto.

¡Anota tus reflexiones!

_____

_____

_____

_____

¡Es tu turno de crear un microcuento!

Observa la ilustración de abajo, coloréala y después escribe un pequeño relato inspirado en la imagen.

LA CANCIÓN DECÍA QUE LE DIERAN MÁS GASOLINA.

7 MICROCONSEJOS PARA MICROCUENTISTAS

1. No trates de hacer un resumen de otro cuento, sólo cuenta una historia con el menor número de palabras que puedas.

2. Enfócate en el desarrollo de la historia y no en el desarrollo de los personajes.

3. Más de dos personajes tal vez sean demasiados.

4. ¡Olvídate del mundo y los ambientes! Situar el cuento será tarea del lector.

5. Mientras menos adjetivos haya, ¡mejor!

6. Busca hacer cuentos pequeños que tengan un gran significado.

7. Arma tu historia y luego elige con cuidado qué puedes omitir para dejar sólo lo indispensable.

Tip: Escribir microcuentos y minificciones te obliga a concentrarte sólo en el efecto que causarás a los lectores, algo superútil para todo escritor.

TRES CUENTOS DE TRES MINUTOS

¡Éste es un ejercicio de escritura exprés! Consigue un reloj y pon atención a estas rápidas instrucciones:

1. Selecciona tres palabras al azar en un diccionario (también puedes buscar generadores de palabras en internet o pedirle a alguien que te diga tres palabras que se le ocurran).
2. Una vez que tengas las tres palabras, tómate un minuto para reflexionar sobre ellas y buscarles relación.
3. ¡Escribe un microcuento en los dos minutos restantes!

10 REVISA, CORRIGE, ¡REESCRIBE!

Hasta ahora nos hemos concentrado en la creación, y seguramente ya creaste un montón de textos increíbles, ¡pero el trabajo aún no ha terminado! Después de escribir tus cuentos toca releerlos, revisarlos y corregir lo que no te guste para pulirlos y tener una obra maestra, ¿o creías que los libros llegan a los lectores inmediatamente después de escribirlos?

Puedes pensar que esta tarea es más tediosa y aburrida que la de creación, pero no tiene por qué ser así. En realidad al volver a leer tu cuento descubres aspectos que no conocías y encuentras cómo mejorarlo. Pero ¿cómo debes empezar a corregir tu cuento?

LO SIENTO, PIEDAD, TÚ NO PUEDES AYUDARNOS EN ESTE TRABAJO.

ESCRIBE SIN MIEDO, CORRIGE SIN PIEDAD

Todos tenemos una parte creativa y una parte crítica dentro de nosotros. Cuando escribes tienes que dejar libre tu creatividad y contener tu parte crítica, porque si no nunca acabarías tu cuento. Pero una vez que termines, es momento de invertir los papeles. Una buena idea es dejar pasar un poco de tiempo antes de corregir, esto te sirve como descanso para que tu parte crítica pueda abordar el texto con toda la energía que requiere.

¿Ya descansaste? Ahora sí, vuelve a leer tu cuento un par de veces, primero rápido y en silencio, y después cuidadosamente en voz alta; así podrás detectar faltas de ortografía y otras erratas. También analiza las palabras que utilizas, ¿realmente expresan lo que quieres decir? ¿Hay cosas innecesarias que pueden omitirse? Juega con el orden de las palabras y busca sinónimos hasta que estés satisfecho.

LADO CRÍTICO

LADO creativo

LAS PRIMERAS PRUEBAS

¡Es hora de comenzar a hacer pruebas con público real! Vas a necesitar la ayuda de un amigo o familiar que se comprometa a leer tu cuento seriamente, a tomarse su tiempo para reflexionar sobre él y a evaluarlo. Piensa en tu revisión como una prueba alfa, mientras que tu familiar o amigo será tu lector beta.

Es muy importante que esta persona sea de tu entera confianza, pero que al mismo tiempo sea severo y esté lleno de críticas constructivas. Por otra parte, tú tienes que estar dispuesto a recibir críticas sin molestarte y sin intervenir para defender o explicar tu texto. Esto es importante porque tu cuento debe poder mantenerse y defenderse por sí mismo, ¿o planeas estar ahí para explicar tu cuento cada vez que alguien lo lea?

Puede que te parezcan demasiadas revisiones, pero los libros de cuentos que has leído han pasado por un proceso aún más largo. Si quieres enviar tu libro a una editorial para que lo publiquen, tendrá que pasar por más lecturas y revisiones del editor.

¡TÚ PUEDES, CUENTO!

PÁGINA DE PRUEBA

¿Te gustó el cuento?

¿Tiene coherencia?

¿Qué opinas de los personajes?

¿Sentiste que te atrapó la narración y el mundo del relato?

¿Cuáles son los puntos fuertes y débiles?

¿Cambiarías algo?

¿Tienes algún consejo?

Cuando tu lector beta te regrese esta hoja no olvides agradecerle sus observaciones. Analízalas con cuidado, tú decidirás si haces cambios o no, **¡al final sigue siendo tu cuento!**

11 ¿Y AHORA QUÉ?

Ya escribiste un cuento (o muchos), ya lo revisaste e incluso tuviste la ayuda de un lector beta, ahora debes estar preguntándote qué tienes que hacer para que la mayor cantidad de gente lea tu cuento. ¡En las siguientes páginas encontrarás consejos útiles!

CONTACTA A UNA EDITORIAL

En primer lugar debes tener toda una colección de cuentos lo suficientemente grande para convertirla en un libro. En segundo lugar tienes que investigar sobre editoriales, pues algunas sólo publican libros de autoayuda, escolares, de cocina o hasta revistas de dentistas. Un buen consejo es que busques libros con una temática parecida a tus cuentos y te fijes cuál es la editorial para buscarla.

Por medio de internet podrás establecer contacto con relativa facilidad. Cuando escribas recuerda ser cortés y profesional, pues aunque los editores suelen estar ocupados, la mayoría de las veces estarán dispuestos a dedicarte algo de tiempo, ¡quizás hasta puedas concertar una cita!

PRESENTA TU TRABAJO

SÍ ESTÁN MUY BUENOS TUS CUENTOS Y TODO, GABO, PERO AQUÍ SÓLO PUBLICAMOS BIBLIAS.

Algunas veces podrás enviar tu texto completo, pero en la mayoría de los casos es mejor mandar una sinópsis de tu libro, es decir, un texto que resuma la temática y el eje común que une tus cuentos. Además puedes incluir uno o dos cuentos como muestra, ¡los que más te gusten! Si al editor también le gustan te pedirá el texto completo. En ese momento comenzará un nuevo proceso de revisiones, correcciones y negociaciones que involucrarán diseño del libro y regalías. Llegado este punto necesitarás la ayuda de tus papás y quizás hasta la asesoría de un abogado, ¡pero tu libro estará a un paso de ser publicado y vendido!

Sin embargo, también debes estar preparado para el rechazo. No lo tomes personal ni te desanimes porque hasta los autores más populares han sido rechazados, incluso J. K. Rowling, la creadora de *Harry Potter*, fue rechazada ¡doce veces! Además, incluso si te rechazan, la mayoría de los editores te dirán por qué lo hacen, e incluso te ofrecerán consejos.

CUENTOS DIGITALES

Internet es una herramienta que sin duda ha revolucionado cada aspecto de la vida, ¡y los cuentos no son la excepción! Puedes crear un blog en el que subas tus cuentos para que lleguen directamente a los lectores; también puedes usar las redes sociales para difundir tus creaciones entre amigos y familiares; y si lo tuyo también es la crítica, puedes grabar opiniones sobre otros libros y comenzar tu propio videoblog.

Hay varias plataformas para abrir blogs e incluso para poner a la venta una versión electrónica de tus libros. Algunas brindan esos servicios de forma gratuita, otras se llevan una comisión por cada libro que vendas y otras más te cobran por el servicio de publicación y difusión. En cualquier caso lo mejor es que investigues tú mismo cuál es la plataforma que más te conviene.

RECUERDA QUE PARA NAVEGAR EN INTERNET Y USAR LAS REDES SOCIALES NECESITAS EL PERMISO Y LA ASESORÍA DE TUS PAPÁS.

#COMOCREARUNCUENTO

Cada vez son más los autores que abren su propia plataforma o se valen de las redes sociales para difundir su obra, promocionarse y estar más en contacto con sus lectores, por lo que es buena idea que te mantengas activo en el mundo digital. Por supuesto, no todo mundo es amable en internet, hay gente que odia todo y sólo quiere ver el mundo arder, pero no dejes que te hagan sentir mal, sólo ignóralos. El mero hecho de recibir mensajes es una prueba de que tu obra está teniendo difusión.

¡HASTA YO AMÉ ESTE CUENTO!

Una pequeña sugerencia: avisa cada vez que vayas a publicar un nuevo cuento o una colección completa, si quieres agrega fotos de los ejercicios que se incluyen en este libro y súbelas a tus redes sociales. El uso de *hashtags* es muy útil, puedes probar con cosas como **#CómoCrear, #MisCuentos, #Microcuentos, #Minificciones, ¡o cualquier otro que se te ocurra!**

Leer es uno de los regalos más grandes. Recuerda que un cuento puede ser un faro en las noches, un compañero para la soledad o una espada para un aventurero, es la posibilidad de ser un superhéroe para luchar contra el mal y la posibilidad de comprender las razones de los villanos para ser malvados. ¡Un cuento es un universo entero en el que podemos ser otros para redescubrirnos a nosotros mismos!

Así que piensa en todo lo que puedes regalarle a las demás personas y a ti mismo, y continúa escribiendo.

¡LLENA TODAS ESAS PÁGINAS EN BLANCO CON HISTORIAS INCREÍBLES!